「コンサートは、自分がどんなに上手かを見せるものじゃないんだ。聴きに来た人が、音楽ってこんなに美しいものだったのかと思いながら帰るようにしなくちゃだめなんだ」

私にそう教えてくれたのは、サミュエル・バーバーです。あの『弦楽のためのアダージョ』を作曲した……。そのとき私は五歳でした。彼は二十一歳くらいだったかしら。すてきな青年でした。私たちはフィラデルフィアのカーティス音楽院で一緒に勉強していたの。ええ、私は学校で最年少の生徒でした。彼はピアノ科ではなくて声楽と作曲を専攻していたから、自分の作曲したスケルツォをうまく弾けなくて、私が弾いてあげたのよ(笑)。

この言葉は、ずっと心のなかにあります。私がこれまで受けた教えの中でも、たぶん一番重要なこと。「音楽という美しいもの」を人と分かちあう、それが演奏なんです。

同じ曲を弾くのに、昨日と同じように弾く、ということはありません。今日は今日の新しいアイディアで弾く。だから楽譜に書き込みはしません。もし書き込みをしたら、次にそれを見て、同じことをしてしまうでしょうから。

新鮮なアイディアを見つける方法？　それは、知らない土地を訪ねたり、人と会ったり、本を読んだり……。どこにどんなヒントが隠れているか、いつそれを見つけるか、誰にもわかりません。だからいつも、新しい出会いに備えています。


昨日までの私の演奏は忘れてください、今日の方がさらによいから。

目　次

ルース・スレンチェンスカ——九十四歳のピアニスト　一音《いちおん》で語りかける

老いは成長の始まり

九十三歳の挑戦

二〇一八年四月二十一日、東京・サントリーホール大ホール。

ショスタコーヴィッチとバッハの同じニ長調の『前奏曲とフーガ』から始まり、ブラームスの間奏曲と狂詩曲を経てベートーヴェンのピアノソナタ『テンペスト』、ラフマニノフの『絵画的練習曲』と進み、ショパンの練習曲《エチュード》で終わるという、まさしく音楽史を縦断するプログラムは、それだけでも聴衆を驚かせるものだった。しかもそれを弾くのが九十三歳のピアニストであるとは……。

席を埋めた聴衆の期待と一抹の不安は、年齢を忘れさせる圧倒的な演奏が続くにつれて興奮へと変わり、アンコールのショパンのワルツの最後の響きが消えると、次々と立ち上がった人々の拍手はいつまでも止むことがなかった。

大きな目標にチャレンジする原動力ですか？

想像力《イマジネーション》ですね。思い描くこと。それが、物事を肯定的に考える強さを与えてくれます。「ノー」「それは無理」と言ってしまえば、それまでです。「ノー」と言うのは簡単。「イエス！」と言うことからすべては始まります。

できるはず。できないわけがない。そう信じるのです。

といっても、今回ばかりは、もうだめかと思いましたけれどね（笑）。

2018年4月、東京・サントリーホールでリサイタル。

ニューヨークの冬はとても寒いのです。私は一人暮らしですから、今でもカートを引いて買い物に行きます。それで風邪をひきました。ひどい風邪で、寝ていたら、電話をかけてきた友だちが、「その咳はおかしい。酸素吸入が必要よ」と言って、駆けつけてくれました。彼女は引退した医者で――チェリストのヨーヨー・マのお姉さんですが――友人の医者と二人で来て、私を抱えて病院に連れて行ってくれたんです。そうしたらインフルエンザで、すぐに酸素テントに入れられた。三日間もね。さらにひどい貧血だとも言われました。これではとても日本には行かれない、と思いましたよ。公演が三カ月後に迫っていましたから。それで日本の主催者に「行かれそうにない」と報せたら、大量のビタミン剤が送られてきた。お花でもチョコレートでもなく、ビタミン剤が（笑）。退院して、暖かいサンフランシスコ郊外の友人の家に移って療養しながら稽古を再開して、なんとか間に合いました！

九十代になった今はもう、チャイコフスキーのピアノ協奏曲《コンチェルト》のような大曲を弾く力はありません。たしかに八十歳のラストコンサートでは弾きましたけれど。でも、今でもまだ弾ける曲や、これから新たに挑戦したい曲が、いろいろあります。若いときのように大曲、難曲を弾きこなす強さがなくなっても、それはそれでいい。別の道を行けばいいのです。まだ開拓していない道をね。

今、稽古している曲ですか。シューベルトです。繊細な美しさという領域でなら、これからも成長できると思っています。シューベルトはこれまであまり弾いてこなかったので、その意味でも新しい取り組みです。

新しいことに向き合う

新しいことに挑戦することは重要です。アーティストの責務ともいえます。成長するためには、同じところにとどまっているわけにはいきません。それでは劣化してしまう。だから初めての曲に挑戦しますし、同じ曲なら、新しい解釈、新しいアイディアで弾くよう、常に試みるのです。年を取っても成長することはできるのです。譜面に向き合い、曲について考えることで頭を鍛え、指使いをあれこれ試しながら手を鍛えます。シフティング・アクセントと呼ばれる、フレーズの中で三拍目にアクセントを置いたり四拍目にアクセントを置いたり、強く弾く個所を変えて弾く練習も、よくしますね。

曲を弾き始めるときはいつも、片手ずつの練習から始めます。右手、そして左手。メトロノームに合わせて、ゆっくりゆっくり、何度も繰り返し繰り返し……。曲にもよりますが、最初は四十。それから一目盛りずつ上げていく。子どものときから続けてきたやり方です。家のピアノでも、リサイタル当日のコンサートホールのピアノでも、まずこれから始めます。

ピアニストは、自分の楽器を持って歩けませんから――ホロヴィッツのように持って行く人もいますけれど――初めて会うピアノと対話するという意味でも、このやり方は欠かせません。行く先々で、いろいろなピアノと出会います。私はどんなピアノでも、そこにあるものを弾きます。いいピアノ、よくないピアノ、ひどいピアノ。どんなピアノからでも、自分の欲しい音を引き出す工夫をしなければなりません。指の使い方をいろいろ試しながらね。でもそのことがまた、自分を成長させるよい機会になりますし、私はどんなピアノとでも友だちになりたいと思っているのです。そうすればピアノがいろいろなことを教えてくれるんです。久しぶりに日本に来て前に弾いたピアノを弾くと、ピアノが私のことを忘れているのがわかります。でもだんだん記憶を取り戻してきて、そのうちに私が誰であるか、完全に思い出してくれる（笑）。それも対話です。

自分の欲しい音を引き出すにはどういうふうにするか、ですか？　やってみましょうか？　ではピアノのところに行きましょう。

まず、手の形。手首を下げるのはだめです。手首はやや上げて、両手をリラックスさせます。脱力はとても大事です。

指の使い方も、いろいろあります。指先を立ててこう弾いたり、指の腹を使って撫でるような動きにしたり、ときには二本の指を重ねてこんなふうにしたり……。一本の指だけでは充分強い音が出せない場合ですね。ほかにも腕の重みを使ったり、工夫次第でいろいろな種類の音が作れます。

私の手は小さいので——ほら、こうしてあなたの手と合わせてみても、小さいでしょう——それで私はいろいろなやり方を発見したんです。

なにより大事なのは、自分の欲しい音を明確にイメージして、それができるまでピアノの前を離れずに、辛抱強く稽古を続けることです。

毎日弾く練習曲は、今は決まっていません。子どもの頃は、毎朝、食事の前にショパンの練習曲《エチユード》を全曲弾いていましたけれど。

ハノンのピアノ教本？　初歩の教材ですね。ええ、私も使いましたよ。まだベビーの頃にね（笑）。

英才教育か児童虐待か

生まれおちた時から

一九二五年、ルース・スレンチェンスカはカリフォルニア州サクラメントで生まれた。ルースの父、ヨゼフ・スレンチェンスキはヴァイオリン奏者で、子どもが生まれたら音楽家にすると決めていた。生後十二日目の赤ん坊を指さして「この子はいつか世界的な音楽家になる」と予言したとき、居合わせた人々はみな笑ったが、四年後に初めてリサイタルを開くと笑う者は少なくなり、十年後、世界のほとんどの大オーケストラと協演するに及んで、誰一人笑う者はいなくなったという。

ポーランド生まれで、ワルシャワ、ベルリン、ウィーンでヴァイオリンを学び、演奏家を目指してアメリカに渡った父は、しかし家で生徒を教える教師にとどまり、その情熱はすべて娘のルースに注ぎこまれた。

父ははじめ、私をヴァイオリニストにしようと思っていたんです。三歳半のとき、私に子ども用のヴァイオリンをプレゼントしようとしたのだけれど、私はそれを壁に投げつけて壊してしまったの。父はショックだったでしょうね（笑）。でもヴァイオリンは弾きたくなかった。ピアノが好きでした。

それ以前に、父からピアノの音階、スケールは習っていました。三歳から、ハ長調の音階を両手で弾く練習を始めて、全部の調でひととおり弾けるようになっていました。でも、ヴァイオリンを壊した翌日から、新しい日課が始まったんです。十二の長調の音階と十二の短調の音階のすべてを、両手で四オクターブ、完璧に弾く練習です。メトロノームに合わせてね。朝の六時から。そうです、六時に始まるんです。ちょっとでも間違えたら、ピシャリ！　ほっぺたを叩かれました。朝ごはんは朝の稽古が済んでからです。でも、父を喜ばせたかったから、それはもう一所懸命に稽古しました。毎日毎日、稽古に明け暮れました。手を怪我するな、蜂に刺されるな、犬を撫ではいけない、と、あれもこれも禁止されて、子ども同士で遊ぶこともできませんでした。

すぐに譜面を読むこともできるようになりました。母が本を読んでくれて、字も覚え始めました。母はよく作曲家のお話を読んで聞かせてくれたんです。モーツァルトが子どもだったとき、バッハが子どもだったとき、ベートーヴェンが子どもだったとき……そのお話にはある共通点がありました。みんな、やがて重要人物と出会うことになるのです。王様とかお妃様とか。八歳のモーツァルトは皇女のマリー・アントワネットに結婚を申し込みますよね。それで私は母に訊きました。「あたしはいつ王様やお妃様や王子様やお姫様に会えるの」。母の答えは、「練習を続ければね」（笑）。

そして、実際、そうなったんです！　七歳のときにベルギーのアストリッド王妃にお会いしてからいろいろな方にお目にかかり、そしてとうとう、日本の美智子皇后にも！　皇后様とは連弾もしました。ドヴォルザークの『スラブ舞曲集』作品七十二の二を。皇后様は音楽がお好きです。リタイアなさるということですが、そうしたら存分に音楽を楽しんでいただきたいと思います。

それから、父が探してきたサンフランシスコ在住の先生たちに次々とレッスンを受けました。なかでも一番感謝しているのは、ヨーロッパでレシェティツキの教えを受けたアルマ・シュミット＝ケネディ先生。熱心な先生で、レッスンが終わると毎回、ギリシャ神話を読んでくださった。想像の世界が広がりました。

そして一九二九年、四歳の時に、カリフォルニアのオークランドで初めてのリサイタルをしました。その時の曲目は、バッハとハイドンとベートーヴェン。一日九時間、父がつききりで練習して、教えられたとおり、忠実に弾きました。父には、「コンサ

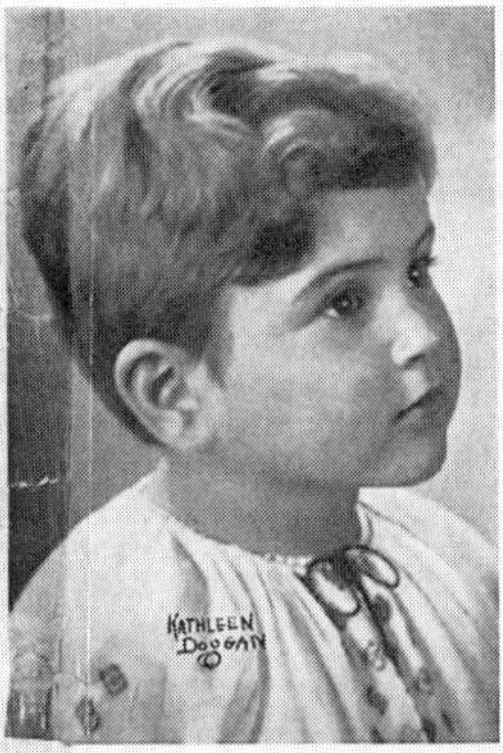

PROGRAM

I (a) Prelude, C Major (from Well Tempered Clavichord) . . . . *Bach*

(b) Two Part Invention (No. 9, F Minor) . *Bach*

(c) Solfeggietto . . . . *C. P. E. Bach*

II Sonata (E Flat Major) . . . . *Haydn*

Allegro Moderato

Minuetto

Presto

III Theme and Six Variations (G Major) . *Beethoven*

4歳。オークランドでの初めてのリサイタルのプログラム。
大反響を呼んだ。

ートでミスをすると、お客から腐ったリンゴやトマトが飛んでくる」と脅されていたので、ミスをしないように気をつけました。実際、家でトマトを投げつけられたこともあったわ。さんざん練習をしてきたので舞台で弾くことに不安はなくて、どうやってお辞儀をするかとか、ドレスをどうつまむかとか、そんなことに気を取られていました。

東海岸へ、そしてベルリンへ

このリサイタルがセンセーションを巻き起こし、名高いピアニストのヨーゼフ・ホフマンの推薦で、奨学金を受けて、彼が院長を務めるカーティス音楽院に入学することになる。ルースと父は二人で東海岸のフィラデルフィアに行き、五歳のルースは最年少の生徒として、はるか年上の学生たちに混じって実技や音楽理論などを学んだ。しかし演奏旅行で留守がちなホフマンからなかなかレッスンを受けられないことに不満を募らせた父は、一年

5歳。名ピアニスト・ホフマンのレッスン。フィラデルフィアのホフマンの自宅で。ルースの手首を持って、脱力の指導をしているところ。

もたたないうちにルースを連れてカリフォルニアに戻り、なんとかしてヨーロッパに渡ろうと画策。ヴァイオリニスト、ミッシャ・エルマンの助力で、ついにスポンサーを見つけ、一九三〇年、家族全員でニューヨークから船出した。

ベルリンに行ったのは、エゴン・ペトリというよいピアノの先生がいたからです。でも、しばらくして彼が長い演奏旅行に出ることになって、父は新しい先生を探さなければならなくなりました。父が見つけたのは、当時最高の教師と言われていたシュナーベルでした。ところが彼は、子どもの演奏など決して聴いてくれないことでも有名だったんです。

その頃私は、新しい曲を弾くとき、街の楽器店に行っていろいろなピアノで試し弾きをするのが好きでした。ピアノは、一台一台音色が違いますからね。それで、ある日、ベヒシュタインの店で弾いていたら、他の部屋に来た人が「あれを弾いているのは誰？」と訊いたんだそうです。お店の人が「小さい女の子です」と答えると、「会

6歳。ベルリンでデビュー・リサイタル。
熱狂した聴衆がステージめがけて押し寄せた。

ってみたいね」と……。それがシュナーベルだった！　それで彼のレッスンを受けるようになって、六歳でベルリンでのデビュー・リサイタルをしました。そのとき弾いたのは、バッハのイタリアンコンチェルトとベートーヴェンのピアノソナタ作品四十九。ショパンもいくつか弾きました。

シュナーベルのレッスンは二時間続くの。一音一音すべての音符とフレーズを分析して、神経を張り巡らせて……。今でも私は自分が教えるときに、そのときのシュナーベルの教えを思い出すようにしています。それはもう厳密なレッスンでした。

その頃ベルリンフィルがシリーズで行なっていた朝の演奏会に行くと、フルトヴェングラーやブルーノ・ワルターが指揮をしていて、そこで過ごす時間はまさに天国にいる時間だったわ。ラフマニノフのピアノも聴いたし、メニューイン、ハイフェッツ、エルマンのヴァイオリンも聴きました。

そのうちシュナーベルが演奏旅行に行くことになって、父はまた先生探しに奔走し始めた。そのとき、アルフレッド・コルトーがベルリンに来たんです。私はサンフランシスコにいた時、演奏旅行に来たコルトーにピアノを聴いてもらい、パリに来るなら教えてあげる、と言われていました。それで楽屋を訪ねたんです。「いつパリに来ますか」と訊かれて、それがパリに引っ越すきっかけになりました。

パリでデビュー

七歳になったばかりのルースがパリに移った一九三二年という年は、ヒトラーが台頭した年である。ルースの母はアメリカ生まれだが、ユダヤ系のポーランド人で、ベルリンの街角でユダヤ人が殴られる姿を見た父は、即座にドイツを去ることを決意した。それから七年間、一家はパリに住み、ルースはそこを拠点に演奏旅行に出かけることになる。

その年の六月、コルトーのお膳立てで、パリでのデビュー・コンサートが行なわれた。ソロの曲目に加えて、モーツァルトの協奏曲を、コルトーが指揮するパリ管弦楽団との協演で演奏するというものだった。初めてのコンチェルトで、しかもプレイエル音楽堂《サル・プレイエル》という大舞台にルースは緊張するが、コンサートは大成功を収めた。翌日、シャンゼリゼ劇場でパデレフスキのリサイタルがあり、新聞はこの七歳半の最年少者と七十二歳の最年長者のコンサートを並べて論評した。

私にとって特に重要な先生は、コルトーとラフマニノフです。コルトーには、そのすてきなアパルトマンに七年間通って教えを受けました。彼のレッスン、曲の解釈はとても柔軟《フレキシブル》で、そのときどきに即興的に弾くことを勧める、シュナーベルとは対極的と言っていいものでした。コルトーが私を自分の生徒として自慢するのが、教育してここまでにしたのはもっぱら自分であると公言してきた父には、面白くなかったようです。でも、私は彼のレッスンが好きでした。

ロスチャイルド男爵夫人を紹介してくれたのもコルトーで、夫人は私にさまざまな贈り物をくれたり――これはほとんど父に取り上げられてしまいましたが――自分の娘の家庭教師を派遣してくれたりしました。そのおかげで私は、モリエールやラシーヌなどのフランス文学をその女性と一緒に読んで、フランス語を学ぶことができたんです。ベルリンにいたときはドイツ人の家庭教師。どこにいたときも学校には通わず、いつも家庭教師から、それぞれの学科を学んでいました。でも何があろうと、一日九時間のピアノ練習の日課は変わりませんでした。朝起きると、まずショパンの練習曲《エチュード》全曲を弾くのも、変わらぬ習慣になっていました。それは何年も続きました。

ニューヨークに凱旋

パリでの成功を受けてアメリカ公演の話が持ち込まれ、一九三三年十一月、ルースは八歳でニューヨークのタウンホールでデビュー。「モーツァルト以来のもっとも輝かしい神童」と評した「ニューヨーク・タイムズ」をはじめ、新聞各紙がこぞって取り上げ、雑誌の取材も殺到し、三カ月の演奏旅行は莫大な収入を父親にもたらした。この滞在中、病に倒れたパデレフスキに代わって、カーネギーホールでまったく同じプログラムを演奏し、これも人々を驚かせた。

ラフマニノフの代役も務めました。年が明けて私は九歳になっていました。ロサンゼルスで彼のリサイタルがあったのですが、どういうわけか出られなくなったようで、急遽、代わりに演奏することになったのです。

私がパリの自宅に戻って少しした頃、突然、会ったこともないラフマニノフから電話がかかってきました。今、公演でパリに来ているので会いたい、ホテルに来てほしい、というのです。父も私も驚きました。それで、これまでにしたことがないほどの猛練習をして準備して、ヴィラ・マジェスティック（現在のザ・ペニンシュラ・パリ）を訪ねました。部屋のピアノで、ウェーバーのロンドを変ホ長調からホ長調に移調して弾くというテストをされたあと、準備した曲を次々と聴いてもらい、それ以来、パリに来るたびに呼ばれて宿題を出され、指導を受けることになりました。

ラフマニノフの指導は、他のピアニストの教え方とはちょっと違って、作曲家の視点からの指導でした。曲の始めから終わりまでの流れ、つまり全体の構成を見る、ということを教えられました。それから、こんなこともありました。

あるとき、ラフマニノフが彼の作曲した前奏曲《プレリュード》を弾いてごらんと言ったので、私はその楽譜を買いに行って、家で練習して出かけました。作品二十三の四、ニ長調の曲でした。それは易しい曲ではなくて、というより難しくて、私はずいぶん一所懸命稽古をして行ったのですが、言われたのはこういう言葉でした。「あなたの音には色彩がない」。

色彩？　どうすれば音に色をつけることができるの？　私には理解できませんでした。彼は私を窓辺に連れて行きました。時期は春で、窓の下にはミモザの木があって花ざかりでした。小さな金色のボールのような花がたくさん咲いて、そのふわふわした球が地面に落ちて、地面が真っ黄色になっていました。

「あの金色が見えるかね？　あの色を、曲にあらわすんだ」

でも、どうやったら色を曲の中にあらわすことなんてできるでしょう。彼は私をピアノのところに連れて行き、座って、自分で弾いてみせました。彼の音と私の音。その違いを聴き取ることができました。たしかに彼の音には独特の音色《クオリティ》というものがあり、私の音にはなかった。子どもは真似が上手です。それで私はやってみました。彼がどうやってその音を作るのか、じっと見て、そっくりにやってみたんです。そっくりに。

春はまだ浅い時期でしたが、ミモザはもう満開でしたね。

ラフマニノフのお嬢さんが、レッスンの後でサモワールで淹《い》れてくれる紅茶を飲むのは、至福のひとときでした。紅茶も、日本の緑茶もウーロン茶もジンジャーティーも、私はお茶が大好きですが、私のお茶好きはここから始まっているんです。ラフマニノフは完璧主義で気難しい人でしたが、私が彼の曲をうまく弾くと機嫌がよくなって、ロシア語などわからない私に、ロシアの詩を読んで聴かせてくれたりしました。ご褒美としてね。

そうです、このペンダントは彼からのプレゼントです。ロシアに演奏旅行に行って帰ってきたとき、ポケットから赤や黄色や黒の雫形《しずくがた》のこれをいくつか出して、「どれがいい？」と……。私はブルーが好きなのでこれを選んだの。どうぞ触ってもいいですよ。いつも身に着けています。外すことはありません。

コルトーとラフマニノフに習ったのは同じ時期です。でも彼らはお互いを認めていなかったので、私は両方からレッスンを受けていることは話さないで、二人から与えられる別々の課題曲を、それぞれの指導方法に沿って勉強していました。でもそのことは、私にとってよかったと思います。

のちにルーマニア人のヴァイオリニスト、ジョルジュ・エネスコと親しくなったとき、彼はこう言いました。一人の先生にばかり習うのはよくない、模造品になる危険がある、と。子どものときからいろいろな先生についたけれど、父はレッスンに月謝を払ったことはありませんでした。

多くの先生から、さまざまなことを学びました。でも、学ぶのは先生からばかりではありません。友だちから学ぶこともたくさんあります。サミュエル・バーバーのお話はしましたね。アリシア・デ・ラローチャの話をしましょう。私たちが会ったとき、私は九歳でした。彼女は私より二つ年上だから十一歳。バルセロナでの演奏会が終わったとき、私の楽屋を訪ねてきたんです。彼女もスペインで神童と呼ばれていました。その日私が弾いたベートーヴェンの『熱情』の楽譜を持って、私の指使いを訊きにきたの。♪ラララララ……。私の指使いはこう。彼女はこう……。♪ラララ、ララララ……ここで指を返すとアクセントがついてしまう。指使いはとても大事。とくに小さい手の場合はね。私はスペイン語がわからなかったし彼女は英語が話せなかったから、私たちはフランス語でやりとりしました。それで友だちになったの。手紙もフランス語で書きました。

ずいぶん後になって彼女がニューヨークに来たときは、一緒にコンサートに行ったりしました。彼女はモーツァルトを独自のスタイルでとてもうまく弾けるのに、自信を持っていなかった。その頃、リリー・クラウスというピアニストがいて、この人がウィーンから来たものだから「これこそモーツァルトの弾き方だ」ってみんなが持ちあげていた。それで一緒に聴きに行って、私は言ったんです。「あなたの方がずっといい。もちろんスペインの作曲家のレパートリーはすばらしいけど、それだけ弾いていては限定されてしまうわ。モーツァルトをお弾きなさい」って。背中を押《プッシュ》して、押《プッシュ》して、押《プッシュ》したのよ（笑）。教えたり教えられたり、励ましたり励まされたり、友だちの存在は大きいわ。

栄光の日々の陰で

ニューヨークで母国での華々しいデビューを飾ったルースは、子どもながらに年間七五〇〇〇ドルを稼ぐようになり、これは当時のアメリカ大統領の収入を超えるものだったという。続くヨーロッパツアーでは、コペンハーゲンで、滞在先のホテルに批評家たちが医師を伴ってやってきた。九歳の子どもがこんな演奏をできるはずがない、子どもに見える大人なのではないか、という疑いだった。医師が歯を調べ、正真正銘、子どもであると証言し、それがまた話題となった。

成功に次ぐ成功だったが、やがて子どもをこのように働かせて荒稼ぎすることに、批判の声も上がり始める。しかし父は意に介さなかった。

ある日、いつものように父と一緒にコルトーのところに行くと、ヴァイオリンのジャック・ティボーとチェロのパブロ・カザルスが来ていました。カザルス・トリオの演奏会のリハーサルで、ブラームスの三重奏でした。コルトーに「疲れたからちょっと代わって」と言われて弾こうとしましたが、うまく合わせられませんでした。室内楽の経験がないうえに、初見で弾くのは得意でなかったんです。

家に帰ると、怖れていたとおり、父に殴られました。父が「魔法の棍棒《マジック・スティック》」と呼んでいた棒でね。私の子どもの頃の愛読書『アラビアン・ナイト』の中の「アラジンと魔法《マジック・ランプ》のランプ」になぞらえて、「魔法の棍棒《マジック・スティック》」と名づけていたんです。よくも恥をかかせたと怒り狂った父は、ピアノの上の楽譜を叩き落として、「もうピアノは弾かせない！」と、グランドピアノを押していき、鍵盤を壁に向けて、部屋を出ていってしまいました。ピアノが弾けなくなることの方が殴られるよりも苦痛だった。それで私は、一人になるとピアノを渾身の力で動かして、元の位置に戻したんです。父も子どもの頃、体罰を受けて育ったと聞きました。

コルトーの勧めでパリ国立高等音楽院《コンセルヴァトワール》の「初見クラス」に入りました。数週間たった頃、九時に学校に行くと、突然、「トランペット教室に行きなさい」とか「ヴァイオリン教室に行きなさい」とか言われて楽譜を渡されました。「今日はこっちの伴奏」「今日はあっちの伴奏」というわけで、初見でだいぶ弾けるようになりました。時には子どもたちがグループになって、ノートルダム寺院にオルガン演奏を聴きに行ったり、ギーゼキングが全曲ドビュッシーを弾く演奏会に行ったりもしました。

私は初めて聴いたドビュッシーの新しい音にすっかり魅せられてしまいました。コンセルヴァトワールの子どもたちは一人残らず、その演奏を聴きに行ったものです。そのころ、ギーゼキングはドビュッシーのスペシャリストとして有名だったからです。

私は、当時レッスンを受けていた先生のラフマニノフのところに行って、「私が弾けるドビュッシーの曲を選んでください」と言いました。そうしたらこう言われました。「ベートーヴェンのソナタはいくつ弾けますか?」。私は八歳か九歳でしたから、「ええと、七曲か八曲」と答えました。「ベートーヴェンのソナタを二十曲弾けるようになってからになさい。ドビュッシーのような新しいものは、これからいくらでも弾く時間がありますよ。それより大事なことは、ベートーヴェンのソナタをしっかり弾くことです」。それが彼の意見でした。そうです、ドビュッシーは当時ほんとに新しかったんです! 誰も弾いていませんでした、ギーゼキング以外はね。それからラフマニノフは、私の年齢でコンサートをすることに反対でした。十五歳になるまでは勉強に集中するべきだと父に何度も言いましたが、父は耳を貸しませんでした。

ストラヴィンスキーに会った話をしましょう。あれは十一歳のときだったか、アメリカ公演からの帰り、船でニューヨークからフランスのル・アーヴルに向かっていたときのことです。父はその頃私にストラヴィンスキーの練習曲《エチュード》を弾かせたがっていて、譜面は持っていましたが、あまりにも難しいので弾いていませんでした。ところがその船の旅客名簿の中に、父がストラヴィンスキーの名前を見つけたんです。スレンチェンスキのすぐ下にストラヴィンスキーがあった。それで、「フランスに着くまでに練習して、彼の前で弾きなさい」と言い出したんです。弾くことのできるピアノは、船内のバーにあるものだけでした。それでバーに行って「何時に閉店するんですか」と訊いたら「午前二時です」。それで父は「鍵を貸してくれ」と言って、二時に私をそこに連れて行って、四時間置き去りにしたの。「二時から六時まで、ル・アーヴルに着くまで毎晩練習できる」というわけ。私は稽古を始めました。毎日、父が訊くんです。「暗譜できたか？」って。私はまだ子どもで、船の上では遊んで過ごせると思って楽しみにしていたのに、ぜんぜんそうはならなかった。ほんとにたいへんでした。短い曲だったけれどおそろしく難しくて……。でも六日後に、暗譜で弾けるようになりました。

ストラヴィンスキーは階上のサロンで友だちとトランプをしていました。父が、「上に行って、エチュードを練習したから弾いて聴かせたい、と言ってこい」というので、そうしました。「私はピアニストで、あなたのエチュードを渫《さら》ったので、聴いてください」とね。彼は私を見て、「きみの名前は知っているよ」と言いました。それで一緒にピアノのところに行って、弾きました。でも曲の途中で、私の小さな手では弾けない個所があったので、なんとか弾けるように、ある音符を右手で取るか左手で取るか、楽譜の指定とはちょっと変えて弾いた。私がそうすると彼は笑い出して、「どうしてこれを思いつかなかったんだろう」と言って、そのアイディアがとても気に入った様子でね、私の演奏を喜んでくれました。

疑いの心

父は絶対的な存在として君臨し、ルースが人と話すことまで禁止したので、彼女は次第に孤独に追いやられていく。長時間の練習と演奏旅行で、母や妹たちとも距離ができていた。十二歳、十三歳と年齢が進むにつれ、難曲を力いっぱい弾かせて聴衆を驚かせることにのみ腐心する父に疑問が湧き、それまで父を喜ばせることを目的に生きてきたルースの心に、変化が生じ始める。同時に、「技術はあっても未熟《イマチュア》」「深さがない」という批評が出始める。芳しくない批評が出ると、「面汚し」と激しくののしられ、その新聞で頬を打たれた。

舞台に出ることを怖れる気持ちが湧いてきました。そして、父の教え方は違う、なにかが間違っている、と思い始めました。でも、どうしたらいいかわからない。

そうしているうちに戦争が、第二次世界大戦が始まったのです。外国人はみな、本国に帰ろうと奔走し始めました。私たちもアメリカに帰ろうとしました。そしてどうにかニューヨーク行きの汽船の切符を手に入れて、出国することができたんです。やはりユダヤ系のクライスラーとその夫人も、同じ船に乗ることができました。一九三九年の十月のことでした。

「燃え尽きた蠟燭」と呼ばれて

神童からただの人へ

十四歳でサンフランシスコに戻ったルースは、再び一日九時間、父と一緒にピアノに向かう生活に戻るが、かつて父を尊敬した気持ちは消え失せていた。翌年、ニューヨークのタウンホールでコンサートをすることが決まり、ルースはもう一度だけ、父の組んだプログラムで、父の望むような奏法で――シュナーベル、コルトー、ラフマニノフの教えとは明らかに違うとわかって苦悩しながら――全力を尽くしてみようと決心する。前日には腹痛も起こるが、父はアスピリンを与え、舞台に押し出す。その結果は、惨憺たるものだった。

そうです、「燃え尽きた蠟燭」と書かれました。ショックでした。

ニューヨークで出る批評はとても大事なのです。そしてそこで、「完全なる敗者」「燃え尽きた蠟燭」と言われたのです。それは、すべてが終わった、ということです。

腹痛は盲腸炎で、入院して手術を受けましたが、帰ってくると居場所がなく、することもありませんでした。今や演奏会の依頼もなくなり、誰も私にかまう人はいない。父は、自分のすべてを犠牲にして育てあげた娘に名誉を傷つけられ、面目をつぶされたと感じて、私を突き放しました。私は「恩知らずの娘」になったのです。お前からピアノを取ったら何もない、と言われ続けてきて、そのピアノがなくなったのですから、どうしていいかわからない。すっかり自信を失いました。十六歳になっていましたが、みじめな子ども《ミゼラブル・キッド》でした。それはもう、ひどい状態でした。

……私には舞台に出て行って演奏する才能はないんだ、と覚悟を決めました。新聞が私の演奏を「未熟でだめだ」というなら、それを受け入れよう。でも音楽は好き。それならピアノの教師になって生きていこうか、という考えが生まれました。ただ私は音楽以外、何も知らない。学校に行って、どういう教え方がいいのか学びたい。父の教育方法は間違っている、それはわかっていました。それで、カリフォルニア大学バークレー校を受験することにしたのです。合格したら行かせる、と父が言ったので——合格するわけがない、と思ったのでしょう——なんとしても受かりたいと思い、すぐに受験勉強に取りかかりました。

そして幸運なことに、試験をパスすることができました。というのは、与えられたなかから好きなテーマを選んでエッセイを書く、という問題が出て、そこに「不幸な経験」という題があったのです。それで私の「不幸な経験」を書いたら見事に合格(笑)。十六歳の秋に大学生になって、心理学を専攻しました。

学校に通いながら子どもにピアノを教え始めましたが、初めてのレッスンで五ドルもらったときのことは、今でもはっきり覚えています。そんな金額でも、私は誇らしかった。はじめは家のピアノに触れる気にもならず、学校のピアノを弾いたりしていたのですが、そのうち家で弾くようになり、家に生徒を呼んで教えるようになったのです。同時に、学校でも、レコードライブラリーで働いたりして、友だちもでき、はじめは馴染めなかった学校生活に少しずつ溶け込んでいきました。

駆け落ち

ある晩、バークレーでのパーティーでジュークボックスが壊れ、ダンスを続けるためにピアノを弾いてほしいと頼まれて、ポピュラーソングを弾く。一人の若者が近づいてきてショパンを弾いてほしいと言い、そこから交際が始まった。音楽好きな彼、ジョージ・ボーンはルースに夢中になり、二カ月後にプロポーズする。父はもちろん反対し、二人をののしるが、二人は父の制止を振り切って家を飛び出した。

翌日、隣のネバダ州のリノに行って、結婚式を挙げました。私は十九歳で、彼は二十三歳。二人ともまだ学生でした。私は家から逃げ出したんです。とにかく家を出たかった。父と一緒にはいられませんでした。それを母に訴えると、「二十一歳になるまで待ちなさい」と言われました。でももう待てなかった。

最初は彼の両親の家に住みました。彼の家族はみな音楽好きで、お母さんはピアノを持っていて、私を可愛がってくれました。ジョージは私に次から次へとレコードを聴かせて、私は、それまで弾くことのなかった新しい音楽、ドビュッシーやラヴェル、プロコフィエフ、バルトークなどを弾くようになりました。

生活費と学費を稼ぐために、アルバイトをしました。ピアノの家庭教師をしたり、ベビーシッターをしたり……。ベビーシッターは、ピアノのあるうちばかり選んで、子どもをベッドに寝かせてピアノを弾いたわ（笑）。両親の家を出て自分たちの家を持つと生活が苦しくなって、二カ月に一度ずつ血を売ったりもしました。「売血」です。新聞広告を見て行ったの。一パイント（四七三ミリリットル）四ドルでした。結局、大学は卒業しませんでした。

しばらくして私は、カトリック系の女学校でピアノ教師の職を得ることができました。教師の仕事はやりがいがあって収入も安定したので満足していましたが、ジョージは私が演奏活動に復帰することを望むようになりました。私は、もうコンサートはしたくなかったのですが。

ある日、学校の自分の部屋でピアノを弾いていると、階下《した》の修道院長の部屋に来たお客が、「あれは誰が弾いているんですか」と尋ねたんです。それで、たぶん「うちのピアノ教師です。生徒が来ていない時間に練習しているんです」と答えたんでしょうね。そのお客が私のところに来て、「あなたはバッハを弾きますか」と訊いたんです。彼はカリフォルニアのカーメルで催されるバッハ・フェスティバルの関係者で、そこで演奏しないかと誘われました。もう批評にさらされることもないだろうと引き受けましたが、これが予想外に好評を博すことになりました。

そのバッハ・フェスティバルの少し前のことですが、ピアノコンテストの審査員としてユタ州に行くことがありました。同じユタ州のソルトレイクシティに、バークレーから引っ越した父と母が住んでいることを知っていた私は、思い切って訪ねてみました。七年ぶりに会って、歩み寄りたいと思ったのです。でも、玄関で何度呼び鈴を鳴らしても出てきてはくれず、結局会うことは叶いませんでした。二週間後に、父が亡くなったという知らせを受け取りました。

バッハ・フェスティバルは、アンコールはしないというのがルールでした。でも私は聴衆に尋ねて許可をもらい、父のために、父がピアノ用に編曲したバッハのヴァイオリンのためのパルティータを弾きました。娘としての務めを果たす気持ちで。

カムバック

その年、一九五一年は大きな変化の年で、二十六歳になったルースは、バッハ・フェスティバルで好評を得たことで、アーサー・フィードラーが指揮するサンフランシスコ交響楽団と協演することになり、そのサマー・フェスティバルでの公演は大成功を収めた。ジョージは跳びあがって喜び、ルースに演奏活動に復帰することをますます強く勧める。批評に書かれた「成熟《マチュア》」という言葉には喜びながらも、ルースはまだ復帰する決心がつかなかった。

サンフランシスコ交響楽団との協演では、リストの『死の舞踏』とメンデルスゾーンの『華麗なカプリッチョ』を演奏しました。これが評判を呼んだので、このとき指揮したアーサー・フィードラーに、「ボストンに来て一緒に演奏しないか」と誘われました。彼は「ボストン・ポップス・オーケストラ」の常任指揮者でしたから。それでボストンに行って同じ曲目でコンサートをしたのですが、その後でこう言われたんです。

「コンサートツアーをする計画があるんだけれど、そのときは独奏者《ソリスト》を連れて行くことを考えているんだ。あなたならうまくやれると思う」

それで私は尋ねました。「何カ月留守にすることになるんでしょう?」

三カ月と聞いて、それは無理だと思いました。三カ月も休んだら職を失ってしまいます。それは困る。それに、私は舞台に出て行って弾くことに、まだ強い恐怖心がありました。自信がありませんでした。ボストンでのコンサートも、自分から進んではなく、ジョージに押されて出かけたのです。誰かに相談したいと思い、パリで親しくしていたルービンシュタインに、手紙を書きました。

「コンサートツアーの話があるのですが、ツアーに行くとなると教職を続けることができなくなります。この仕事を失いたくありません。カーネギーホールの公演の話もあるのですが、どうしたらよいか、あなたのご意見を伺いたいのです」

するとすぐに「いらっしゃい」という返事が来ました。それで、景色のいい南カリフォルニアのプール付きの家を訪ねました。大きなグランドピアノが二台ありました。ショパン、バッハ、ベートーヴェン……。いろいろ弾いた後、尋ねました。「コンサートを続けていけるだけの才能が、私にあるでしょうか？　教師の仕事を辞めるべきでしょうか？」「迷うことはありません。仕事をお辞めなさい」と彼は言いました。「コンサートを十回もやれば、もうあなたはピアノ教師をやりたいとは思わなくなりますよ」。でも、それはちょっと違いました。学校は辞めましたが、私は今でも教えるのが好きですからね。うまく弾くことはできても、ピアニストとして立っていける「才能」はないんじゃないか……それが私が考えたことだったけれど、彼がそう言うならやってみよう、と思いました。

カーネギーホールのリサイタルでは、初めて精神安定剤をのみました。同じニューヨークでかつて受けた酷評がよみがえって、苦しかったのです。自分では上出来と思えませんでしたが、批評は悪いものではありませんでした。

それに力を得て、ジョージは強い口調で、繰り返し、ステージへの本格的な復帰を迫りました。

彼は父と同じになってしまいました。私が演奏をしてお金を稼ぐことを望んだのです。優しい、いい人で、私を大事に思ってくれて、そこは父と違ったけれど、でも結局父と同じになってしまった。彼は家にお金を入れませんでした。働かなかったんです。夢ばかり追う人でね。彼は私に、ステージに出てコンサートをして、自分が自由に使えるお金をもっと稼いでほしかったのね(笑)。

私は彼にとって愛する妻ではなくて、ピアニストだったんです。でも私は、まだ自分のピアニストとしての能力に自信を持つことができなかった。彼が変わってくれることを期待したけれど、だめでした。結局私は演奏旅行に出て、離れ離れに暮らすようになり、しばらくして離婚しました。決心するのに十年以上かかりました。魅力的な夫とすてきな家を持つという夢を、私がなかなか捨てられなかったからです。

戦禍の残るケルンの街で

カーネギーホールの翌年、そのときはまだ離婚していませんでしたけれど、二十八歳の時、十四年ぶりのヨーロッパツアーに出かけました。フランスからドイツに入って、ケルンでコンサートをした時のことです。列車がケルンの街に近づいて、外を見ると、怖ろしい光景が広がっていました。爆撃を受けて廃墟になった跡が、まだ残っていたのです。あの美しい街が、瓦礫の山になっていました。コンサートをするホールも、荒れていました。なんという気の毒なこと。ここに音楽を求めてやってくる人たちに全力で応えなければ、と思いました。冷えきったホールでひとり、夜までリハーサルに没頭しました。そしてこのときのコンサートが、私にとって大きな転機となったのです。のちにポーランド人のいとこから、「あの人たちがポーランドにどんなことをしたか！　そんな人間のために演奏するなんて」と非難されましたけれどね。

一九五三年のことです。

ステージに立って気づいたのは、楽譜を膝の上に広げている人がたくさんいることでした。ドイツの演奏会ではよく見られる光景です。その人たちに音楽に没頭してほしい、楽譜から目をあげてもらわなければ、と思いました。

バッハで始めました。『半音階的《クロマティック》幻想曲とフーガ』から。プログラムは、すべてドイツの作曲家の作品にしました。そのプログラムもよかったのでしょう、ありがたいことに、私が望んだことが起こったのです。

人々が粗末な椅子から立ち上がって一斉に拍手してくれたとき、聴衆と心を通わせることができたのだとわかりました。自分の中に伝えるべきものがあって、それがたしかに聴衆に届いたこと、この人々が音楽を必要としていて、自分はそれをちゃんと手渡すことができたこと、そして自分はピアニストとして人の役に立つことができるんだという手応え……それをその日、初めて感じたのです。

コンサートピアニストの日々

スタンディング・オベーション

翌一九五四年から四年間、ルースはアーサー・フィードラーの率いるボストン・ポップス・オーケストラと一緒に、ソリストとして全米を公演して回り、折からのクラシック音楽ブームとあいまって、多くのファンが生まれた。

一九五六年、三十一歳のときに、テレビ番組「This Is Your Life」に出演。

三十二歳で、前半生の自伝『Forbidden Childhood』を出版、ベストセラーとなった。

アーサー・フィードラーとは、ずいぶんたくさん協演しました。彼が指揮すると、聴衆は熱狂してスタンディング・オベーションを送ります。私がソロで弾いても誰も立ち上がりません(笑)。二回、三回、ときには四回のカーテンコールを受けるときもあったけれど、スタンディング・オベーションはなかった。それで考え始めたんです。彼にあって私にないものはなんだろうって。たぶん彼は聴衆とコミュニケーションが取れるけれど、私はそれができていない。舞台のフットライトを越えて向こうに座る聴衆とコミュニケートするのは、ほんとうに難しいこと。舞台の上でどんなにうまく演奏しても、フットライトの向こうまではなかなか届かない。きれいな音楽だなあと思うことはあっても、こちらの意図するものを聴衆に受け取ってもらうのは難しい。

それで私が試みたのは、手始めにピアノを弾く私から顔の見える人——オーケストラの第一チェロの奏者の顔がちょうど見えましたが——その人に向かって音を届けてみようということでした。そうしているとある晩、第一チェロが私のところに来てこう言ったんです。「ありがとう、今日はあなたの演奏を実に楽しみましたよ。あなたが私に話しかけるように弾いてくれたから」。

彼は受け取ってくれたんです！　それで次々と、今度はこの人に向かって弾こう、次はこの人に……と、やっていきました。それから、客席の一列目の人に向かって弾き、三列目の人に向かって弾き……フットライトの向こうの人に音を送り届けようと努めました。だんだんやり方がわかってきました。

途中で一度だけスタンディング・オベーションを受けたことがあったけれど、それはサンフランシスコでのことで、私の演奏がすばらしかったわけではなくて、私が「サンフランシスコ・ガール」だったからです（笑）。

そうやって毎日、同じ試みを繰り返していたある日、縁もゆかりもない小さな町で、私はついにスタンディング・オベーションを受けたんです！　コミュニケーションに成功したんです！　それからは毎晩毎晩……。私は自分の演奏にようやく自信を持つ

31歳（1956年）。テレビ番組「This Is Your Life」に出演。
母と2人の妹、幼少時から音楽活動を支えた恩人ミッシャ・エルマン（中央）とアーサー・フィードラー（右から2人目）も駆けつけた。

ことができるようになりました。聴衆とつながり、聴衆に自分を捧げることができるようになったと実感しました。

ああ、この写真ね。テレビに出演したときのものです。これがアーサー・フィードラー。こっちがミッシャ・エルマン。それから、母、妹のヘレンとグローリアです。

自伝が出たのは、その次の年、一九五七年ですね。三十二歳でした。

まあ、古本でそんなに高くなっているんですか？　でも、それは内容のせいじゃないと思うわ（笑）。この本のデザインをしたのが、若いときのアンディ・ウォーホルだからだと思いますよ。

自伝を出さないかという話がきて、ルイ・ビアンコッリという音楽評論家が私にインタビューをして書くことになり、二、三週間、毎日会って話をしました。実を言うと、この本のタイトルは嫌だったの。『禁じられた子ども時代』なんて、ひどい題じゃない？（笑）

32歳（1957年）。前半生の自伝『Forbidden Childhood』を出版、ベストセラーになる。ジャケットデザインはアンディ・ウォーホルとジャック・ウルフギャング・ベックによる。

実は借金があったので、この本の出版を受け入れたんです。印税を一五〇〇〇ドルもらえたので、借金をすべて返して、税金を払って、残った五〇〇〇ドルでニューヨークにアパートメントを買いました。五番街《フィフス・アベニュー》、といっても端っこで、ハーレムまで二ブロックのところで、当時はそんなに高くなかったんです。この住まいはその後もずっと持ち続けました。ニューヨークを離れてからもね。少しだけれどセントラルパークも見えたし、自分で家を買うことができたのがうれしかった。

ピアニストの暮らし

ボストン・ポップスとはよい思い出がいろいろありますが、演奏家として生きていくのは楽なことではありません。ステージに一人で歩み出て演奏するのは、誰にとっても楽なことではないのです。

アラウがハンブルク・スタインウェイのピアノを買って、ロングアイランドの家に友人たちを招いたことがありました。ルービンシュタインやホロヴィッツや、他にも活躍している何人ものピアニストが招《よ》ばれて、私はみんながどんな話をするだろうと楽しみに出かけました。それで、何が話題になったと思いますか？　薬《ピル》ですよ。ステージに上がる前にどんな薬をのんでいるか、それがみんなの関心事だったんです。誰でも緊張するんだとわかりました。家で弾くのとステージで弾くのとは大違いです。舞台に出て演奏するのは、たいへんなことなんです。普通の人には耐えられないと言ってもいいほどです。

ホロヴィッツと初めて会ったのはベルリンのエゴン・ペトリの家です。私は六歳で、彼もまだ二十代でした。

ずっと後になって、私が三十代半ばの頃だったか、ある日突然、夫人から電話がありました。「主人があなたと話したがっている」と言うのです。それから本人が電話口に出て、「昔、ベルリンで会いましたね、エゴン・ペトリの家で。ちょっとうちに来てくれませんか」と言われました。行ってみると、我が家から数ブロックのところでした。タウンハウスの最上階の広い家で、ピアノが何台もありました。「あなたが出したリストのレコードを聴いたけれど、どういう指使いをしているのか、知りたいところがある」と言うので、弾いて見せて、指使いについてあれこれ話しました。私は手が小さくて昔から指使いを工夫してきたので、よく他のピアニストから質問や相談を受けることがあったのです。終わると彼は、「ピアノを調律する必要があるな」と言いました。しばらく舞台から遠ざかっていた時期だったのですね。

彼はキャリアの途中で何回かステージから姿を消しましたけれど、それには理由がありました。とてもシャイな人で、舞台に出たくなかったんです。「大丈夫、ステージで死んだ人はいないから」なんて言って励ました友人もいましたが、周りが医者に行くように勧めて、医者は薬を処方しました。演奏の少し前にのむ薬をね。ところがその量がだんだん増えていって、それで具合がわるくなったんです。心を落ち着かせるために、ハンカチに香水を振って、舞台に出るときにその香りを吸いこんだりもしていました。シャネルの五番でした。
奥さんのワンダは、ご存じのように指揮者のトスカニーニのお嬢さんで、英語が得意でなかったので、フランス語を話す私がお相手をすると喜ばれて、その後、時々呼ばれたりするようになりました。

アーティストに欠くことのできないものは何か、ですか？　努力することをいとわないことでしょう。それから、新しいアイディアを手に入れることができること。そしていったんアイディアを得たら――インスピレーションを得たら――それをいろいろと試してみることです。得たイメージをふくらませて演奏に生かすのです。途中でやめてはいけません。進歩、発展はS字形ですから。Sの形で進歩していくんです。Sの形を下から書いてごらんなさい。一段上がると平らなところに出ます。しばらくするとまた一段。一定の調子で順調に進歩していくわけではないんです。

芸術を追求するのは森の中をさまよい歩くようなもの。今どこにいるのかわからないけれど、歩き続ければいつか正しいところに出ると信じて歩くしかない。

毎日毎日、練習することです。たゆみなくね。前にも話しましたが、私はいつもメトロノームに合わせてゆっくり弾くことから始めます。そして徐々にスピードをあげていく。それを飽きずに続けます。こうしたやり方やプログラムの組み方など、プロ、アマを問わず、ピアノを弾くすべての人のための教本を書いたことがあります。

演奏家は、練習することが好きでなくて

36歳（1961年）。すべてのピアノ演奏者と愛好家に向けて書いた教本『Music At Your Fingertips』を出版。

も、しなくちゃならない。だからみな、続けるために自分なりの方法を持っているんです。ルービンシュタインはチョコレートの箱と本を右と左に置いておいて、メトロノームを使って何度も何度も練習して、一区切りついたら自分へのご褒美として、チョコレートを食べるか本を読むかする。そうやって、さらにもうひと頑張りできるようにするわけです。

ギーゼキングの場合、それは蝶の蒐集でした。私は一度、ドイツのヴィースバーデンにあるギーゼキングの家を訪ねたことがありますが、標本箱がたくさんあって、蝶が虫ピンで留められていました。彼は見上げるような大男でしたけれど、自分自身のためにそういうことをする必要があったんです。ピアニストというのは、とても孤独なものなんです。だから、一人でできる趣味を持ったんですね。ええ、もちろん、補虫網を使って自分で捕るんですよ。ピアニストであれば、一人で孤独に生きること、一人で何かをすることを身につけなければならないんです。私の場合は本を読みます。

小澤征爾との出会い

小澤征爾と初めて会ったとき、彼はとても若くて、私の息子のように見えました。ことの発端は、こういうことでした。サンフランシスコ交響楽団が、創立五十周年記念コンサートとして指揮をソ連の大作曲家・ハチャトリアンに依頼して、首尾よく承諾をもらい、ニューヨークにいた私に連絡がきました。ハチャトリアン自身が指揮する自作のピアノ協奏曲を演奏しないか、と。それで私は、「なんてすてきなの！　すばらしい！」と思って、でもそのコンチェルトは新しいもので知られていなかったので、すぐに楽譜を買いに行って、練習を始めました。それから、当時私が専属契約していたレコード会社のデッカに行って、「こんなすばらしい話があるのだけれど、興味がありますか？」と訊きました。彼らはとても乗り気になって、さっそくホールを見に行って、どこにマイクをセットしようかとか、準備を始めたんです。

ところが、三週間前になって、突然、ハチャトリアンと連絡が取れなくなったのです！　リハーサルの相談をしようにも彼を見つけることもできない。ソ連にいて、コンタクトできない。その理由は結局わからずじまいでしたが、指揮者不在の事態に私も困惑しましたし、デッカも、ほかの指揮者なら考え直さなければならない、と……。

　そこで提案されたのが、コンテストで入賞して、バーンスタインが助手として採用した日本の青年でした。それが小澤征爾です。私は初めて弾くコンチェルトの準備をしていましたが、一度オーケストラと合わせておきたいと思って、ノースカロライナの小さなオーケストラの指揮者を知ってい

1962年1月、小澤征爾が指揮するサンフランシスコ交響楽団と、ハチャトリアンのピアノ協奏曲を協演。

たので頼んだら、快く引き受けてくれて、演奏することができました。それからサンフランシスコに行って、その若い男の子と会いました。

彼は二十六歳で、私は十歳年上の経験豊かなピアニスト。「このコンチェルトをご存じですか?」と尋ねられたので、「ええ、一度演奏したことがあるわ」って(笑)。「僕はまったく初めてです」というので、譜面を持って一緒に座って、一音一音、目を通しました。それから私がピアノのパートを全部弾いて、場所によっては彼がのみこむまで十回も弾きました。リズムを取りにくい、厄介な個所が、ハチャトリアンにはあるんです。私たちは一緒にみっちり四時間やって、成果をあげました。そしてその結果、スタンディング・オベーションを受けて、彼は翌日の新聞で「スター誕生」と絶讃されて、それがデビュー・コンサートとなったんです。のちにサンフランシスコ交響楽団に職を得ることにもなりました。大成功でした。

商業主義に翻弄されて

ルースはこれまでに世界中で三〇〇〇回を超えるコンサートを行なっている。ツアーは、南北アメリカ、ヨーロッパにとどまらず、アジア、オセアニア、中近東、アフリカにも及んだが、七十代の終わりまで、残念なことに日本に来る機会はなかった。

三十代の活躍はめざましく、一九五八年、三十三歳のときには、デッカから「ルース・スレンチェンスカ　デビュー二十五周年記念アルバム」が発売された。デッカからリリースされたゴールドディスクは十枚に及ぶ。

ホワイトハウスには何度か行きました。ピアノ好きなトルーマン大統領とは、連弾をしたことがあります。ケネディの大統領就任式の後の演奏会では、サミュエル・バーバーの『夜想曲《ノクターン》』を弾きました。ジャクリーン夫人が、「娘も聴きたがったのですが、もうベッドに行く時間なので寝かせました。私も聴かせたかったのですが」と残念そうに言いました。その娘さんが、日本に大使としてやって来たキャロライン・ケネディですよね。演奏会のあと、大統領夫妻のサインのあるお礼状をもらいました。一九六一年でしたね。

その翌々年の演奏旅行は、これまでになくハードなものでした。

まずスイスでコンサートをして、それから南アフリカに向かいました。最初に行ったのはヨハネスブルグ。アフリカに行くのは初めてでした。その演奏旅行のマネージャーの男性は、ツアーが成功す

30代からLPが続々と発売された。

ればいいけれどうまくいかなければ借金を負うことになると言い、ギャラは一週間で一五〇ドルでした。一回のコンサートではなく、一週間でです。アメリカ国内ではレコードなども出して知られていましたが、アフリカでは私はニューネームだったのです。売り出し中の若い新人の一人でした。

ヨハネスブルグでは派手な宣伝が行われ、一日三回の公演予定が組まれました。朝はここのクラブ、午後はこの学校、そして夜は大きなコンサート。そのたびに衣装を替えて、三回の舞台をこなしました。次の公演地、ケープタウンでも同じでした。そこでは大成功を収めましたが報酬は相変わらずで、私は疲れてへとへとになりました。

実は南アフリカへのツアーを決めたのは、ヴィクトリアの滝が見たかったからなんです。私は滝が好きですから。見に行けるようにアレンジはしてくれましたが、それもまた苛酷なスケジュールの演奏会とセットになっていました(笑)。

南アフリカでの三週間の後、レコーディングのためにウィーンへ飛びました。ウィーンフィルとの協演のレコーディングです。リストの『ピアノ協奏曲第一番』とサン＝

サーンスの『ピアノ協奏曲第二番』を録音しました。それからニューヨークに戻って、次の公演のために三週間準備をして、今度は南アメリカに行きました。

そして毎晩毎晩、今日はこれ、と言われるままに、四種類のプログラムをこなしたんです。新しい土地に移動するたびに、マネージャーに尋ねました。「今日は私、何を弾くの」って（笑）。四種類のプログラムのすべてを、いつでもちゃんと弾けるように準備するのは、それだけでもたいへんなんです。荷物も多くなります。でも若かったので、力を振り絞ってがんばりました。

六週間の南アメリカ公演が終わってニューヨークに帰り、自分のベッドで目を覚ました時、一瞬、どこにいるのかわかりませんでした。考えたことは、「今夜は何を弾くんだっけ？」。

それからバスルームに行って、そこで倒れました。

胃潰瘍でした。医者から、少なくとも一年は演奏活動を休止するように、と言い渡されました。

これからどうしよう、と思っているところに、ある大学から、教師として来ないかという誘いがありました。アーティスト・イン・レジデンスという制度で、大学の敷地内に住みながら教鞭を執るのです。教えることは好きでしたから、いいかもしれない、と思いました。さらに、自由に自分の望む演奏活動をしてください、と言ってくれたのも気に入りました。それで、聞いたことのない大学からの申し出を受け入れることにしました。中西部のイリノイ州の大学、南イリノイ大学でした。

最初は一年のつもりでした。でもそこで、一人の男性と出会ってしまったんです！（笑）

新天地を求めて

穏やかな日々

突然、馴染みのない中西部の大学に行って教師になるというのは、思いきった決断だった。それだけでなく、幼児期をカリフォルニアで過ごし、ベルリン、パリ、ニューヨークという大都会に住んで世界を旅してきたルースにとって、イリノイの自然の中での生活は、初めて経験するものだった。

まったく新しい暮らしでした。

大学は二つの町に分かれているのですが、私の行ったエドワーズヴィルというところは、周りに田舎の景色が広がるのどかなところでした。

生徒たちとはとてもいい関係を持つことができました。演奏旅行から帰ってくると、「先生、お帰りなさい」という横断幕を作って待っていてくれたりして、うれしかったわ。まるで家族ができたようでした。

まあ、私の生徒だった人に話を聞いたの？　ええ、覚えていますよ。私にとって初めての日本人の生徒でしたから。今、どうしていますか？　あちこちから留学してくる生徒が、たくさんいました。家に学生を招《よ》んで食事をごちそうしたり、楽しかったですよ。

そうですか、「レッスンは緊張した」って言っていましたか……。きつい言い方をしたりはしなかったけれど、練習はしっかりしてくるように言いましたから、学校では厳しい先生だったかもしれませんね。

突然の出会い

イリノイに行くまで、ボーイフレンドはいなかったのかって？　そんな人はいませんでした。私は美しくもなければ賢くもないし、人を惹きつける魅力なんてないから、私に興味を持つ人はいないと思っていました。ほんとうよ。お前は醜いから結婚なんてできないと父に言われて、そう思っていました。毎日言われれば信じます。

あるとき、歴史学の教授のホームパーティーに行ったら、そこでカーと出会ったんです。ジェイムズ・カー、政治学の教授でした。彼があまりにもハンサムなので、興味を持たないようにしよう、と思いました。女生徒たちが熱をあげているに違いないから。忘れましょう、と（笑）。

私の住まいにはアップライトピアノしかなかったので、学校のコンサートグランドのある部屋に行っては、毎晩練習していました。四時間くらいね。稽古をしていて、ふと振り返ってみたら、彼がそこに座っていたんです！

「いつ電話をしても家にいないから」

私を探して、とうとう、練習しているところを見つけたというわけ。彼も音楽が好きでした。それで、セントルイスにオペラを観に行かないかと誘ってくれたんです。セントルイスは、エドワーズヴィルから車で一時間もかからない距離でした。

それから、私が取り寄せている「ニューヨーク・タイムズ」を、美術と音楽のページだけ外して、彼に貸してあげるようになりました。彼が借りに来る木曜日が楽しみでした。

ある土曜日、夕食に誘ってくれたので、訊いたんです。「何時？」って。そしたら「午後二時に来てもらうのがいいかな」と。「え、なぜ？　夕食じゃないの？」するとと彼が言うには、「この辺にはいいレストランがないから、マーケットに行って材料を調達して夕食を作ろう。本を読める人間なら誰だって料理はできますよ」。

それでマーケットで買い物をして、彼のアパートに行ってレコードをかけて、料理本を一緒に読んで、こうすればいい、ああすればいいって。一緒に料理をしたのよ。

42歳で政治学の教授ジェイムズ・カーと結婚。

「ナイフに触っちゃだめ!」と言って、私に包丁を持たせなかった。私の指を気にかけてくれた。それからいろいろおしゃべりしたわ。同僚ですもの、大学のことや共通の友人のことや、話すことはいくらでもありました。

週末はリンゴ狩り。私はそれまでリンゴ狩りなんて一度もしたことがなかった。果樹園に行って木に登って、リンゴを取ったの。それはもう楽しい時間だったわ!

そんなことが続いて、その間、私はときどき演奏旅行に行っていました。フィリピンで演奏していたとき、マネージャーが来て言うには、「手紙が届いていますよ、ボーイフレンドから」。「そんな人はいないわ」と私は言ったのだけれど、その手紙が彼からだったの。手紙には、「あなたに見せたいものがあるから、帰ってくるのを待っている」と書かれていました。私はぜんぜんボーイフレンドだなんて考えてなかった。ただの友だちだと思っていたわ。年下だし。

すると二年半後のある日、突然、「結婚式の日取りを決めよう」って。「どういうこと？」と私が訊くと、「あなたは僕の一番の友だちだから。どんな本にも、人は一番の親友と結婚するものだって書いてあるよ」。それで私は言ったの。「あなた、私がいくつかわかっているの？」「世界中があなたの歳を知ってますよ」ですって。ハハハハハ。

私は自分が年を取りすぎていると思っていたの。それで言ったわ。「あなたに息子を持たせてあげることができないのよ」「わかってる」。

そのとき思い出したんです。父がこんなことを言ったことがありました。「善きことは逃すな」。これこそが「善きこと」だと思って、それで結婚しました。私は四十二歳で、彼は三十六歳でした。

夢見た暮らし

彼は結婚前に、『どうして結婚は破綻するのか』という本を読んだそうなの。それで二つ発見したんですって。まず相手の家族のことを論評しちゃいけない。これは実家のことで喧嘩しないということね。それからもう一つ、経済のことで揉めちゃいけない。家族の問題とお金の問題。

家族という点では、揉めるような要素はなにもなかった。彼の家族は北イリノイに住んでいたし、私の家族は、ずっと遠いジョージア州に住んでいたから、家族に関しては何の心配もなし。

次はお金。彼の提案はこうでした。私たちはそれぞれにお給料をもらっている。だから私は自分の銀行口座を持って、コンサートをしたときにはそれを自分の口座に入れる。彼の口座、私の口座、それにもう一つ共同の口座を開いて、三つの口座を持つべきだ、と。毎月、月の初めに同じ額のお金を、住居費、食費、雑費用として共同口座に入れる。たとえば家具で二人が欲しいと思えば、同額をそこに入れる。彼が欲しくて私は欲しくなければ、彼が払う。たとえば彼が高価な机が欲しくて私は別に欲しくなかったら、彼は自分でそれを買えばいいというわけ。私がピアノが欲しくて、彼がそれはとんでもなく高いと思えば、私がそれを買う。だから、決してお金のことで争うことはない。お金のことでも家族のことでも、ただの一度も揉めたことはありませんでした。それで私たちはずっと、ベストフレンドであり続けることができたんです。

新婚旅行はヨーロッパに行きました。彼は初めてだったけれど、私はよくわかっている土地ですからね。案内してあげました。小さなホテルで「マダム」と呼ばれたときはうれしかったわ。

それから、彼は学生のときにフルブライトの奨学金を得ていたので、結婚した後、フルブライト招聘教授になって、一緒にインドに一年間行きました。ベナレスにはピアノがなかったので、ニューデリーからレンタルピアノを取り寄せました。夫はアンティーク好きだったから、街の骨董屋と全部知り合いになって、誰が何を持っているかも全部わかっていた(笑)。インドではいろいろなものを買って、私は今でも家にそれを持っています。彼は趣味もよくて、妻の買い物に付き合わない夫も多いけれど、いつも私と一緒に来てくれた。私がステージで着るドレスを選んでくれたの。私がどんなものを着れば似合うか、心得ていました。パーティーに行くときも、これを着たらいいよ、アクセサリーはこれを着けたら、って。そういうことにも一家言持っていたわ。

彼の趣味は、まず、音楽。それから車が好きで、次々買い替えてあちこちに乗せて行ってくれて。週に一度はセントルイスに行きました。いい博物館や動物園などがあるし、買い物にも行ったわ。

その頃の暮らしですか？　私は朝五時に起きて、七時まで練習。そして一緒に朝食を食べて、彼はテレビでニュースを見て、それから研究室に出かける。私は掃除などを済ませて九時に自分の研究室に行って、お昼までそこで過ごす。二人の研究室は大学の中のそう遠くないところにあったから、一緒に、準備してきたサンドイッチを食べたり……。大学へは、それぞれの車で通いました。私の運転はひどいものだったけど（笑）。

午後は、私はプライベートレッスンが六コマあるから、教えなくちゃならない。コンクールに出る生徒もいるので、その準備もあります。六時に仕事を終えてマーケットに行って、買い物。「二十分ディナー」のエキスパートになりました。二十分で夕食を準備して八時まで食事。彼はテレビを見るけれど、私は自分の練習室《ステユディオ》で十時まで練習しました。十時になってもし彼が寝ていたら、もう一時間。起きていたら一緒にテレビを見たりね。だいたい一日五時間、ピアノに向かっていました。
演奏旅行にも行きましたよ。彼はいつも気持ちよく送り出してくれましたから。音楽雑誌の「クラヴィーア・マガジン」や「キーボード・マガジン」のコラムの連載も、何年も続けました。

週末にはときどきニューヨークに出かけました。私はニューヨークのアパートメントを結婚後も持ち続けていたので、金曜まで大学で働くと、大きなローストチキンを持って二人で飛行機に乗ってニューヨークに行ったんです。その頃は飛行機代がそんなに高くなかった。コンサートやオペラに行ったり、チキンサンドを作ってセントラルパークにピクニックに行ったり……。そう、ローストチキンは、ニューヨークの高いレストランに行かなくて済むためです。日曜の夜にはイリノイに戻って、月曜の朝、また大学に行きました。都会に住んで、休日を田舎の家で過ごす人たちがいますが、私たちは田舎に住んで、週末を都会の小さな家で過ごしたんです。

そんな暮らしが、六十二歳の退官まで続きました。その後も私は非常勤で働きました。

犬も飼いました。大きなボクサー犬で、散歩に連れて行ったわ。ガーデニングもしましたよ。田舎だったから、庭に鹿が来ることもあった。

そうです、そうやって三十四年間、暮らしました。

すてきな生活《ラブリー・ライフ》!

彼がくれた贈り物でした。

暗転

しかしルースが七十六歳になったとき、ジェイムズ・カーは腎臓病で世を去る。三年間の闘病生活の間、ルースは自宅で懸命に看病した。

茫然として引き籠もる日が続いた。

感覚が麻痺したようになって、何も考えられず、何もできませんでした。いつも一緒にいて、いつも語り合っていたのに、ひとり残されたのですから。どうしていいかわからず、ただ家の中でじっとしていました。

練習ですか？　習慣から少しだけピアノに触ることはありましたが、それだけ。たまに仕事で教えることはありましたけれど。

何をしたらいいか、どう考えたらいいのか、わからなかった。

そのとき、台湾から一本の電話をもらったんです。元の教え子で、私が夫を亡くして家に籠もっているのを誰かから聞いて、「台湾に来てピアノを教えませんか」と。

「考えさせて」と言いました。

「長く考える暇はありません。三日以内にお返事を」

どちらに行くのか、岐路に立たされました。未亡人として年老いて死んでいくのか。

それとも思い切って台湾に行くのか……。

台湾に行くとなったら、家はどうするのか。

イリノイの大きな家とニューヨークのアパートと、私は両方ともそのまま持っているつもりでした。でも人に相談したら、それは無理だと言われたんです。アパートは閉めておいても大丈夫だけれど、一軒家は人が住んでいないと傷んでしまう。手放すしかない、と言われました。

私は台湾に行く決断をし、翌年、イリノイの家もニューヨークの小さなアパートも売り、そのお金であらたにニューヨークに住まいをもとめました。そしてその新しい家に落ち着く暇もなく、秋には台湾に向けて旅立ちました。

再び見知らぬ土地で

台湾での仕事は、台北の東呉大学音楽学部で、一年間、客員教授として教えるというものでした。

生徒に教えるためには、自分も勉強しなければなりません。学生が楽譜を持ってやってきて、「ここはどう弾くんでしょうか？」と尋ねれば、やってみせなければなりません。そこで、日課としていた学校に行く前の練習の習慣を、取り戻しました。久しぶりに弾いてみると、自分でも知らない音が出てきたので驚きました。新しい響きでした。

到着して一週間後に、生徒たちの前で弾きました。すると、「ここはどうするんですか？」「ここの弾き方を教えてください」。「プロコフィエフのコンチェルトを演奏するので見てください」。次々と学生がやってきました。

心が動きました。するべきことが見えてきました。生き生きした暮らしが戻ってきました。

老いた未亡人《オールド・ウイドウ》ではなく、活動する未亡人《アクティブ・ウイドウ》になりました。

一本の電話が扉を開いてくれたのです。

日本との出会い

台湾から日本へ

二〇〇三年一月、台北で催されたホームコンサートで、たまたまルースの演奏を聴き、衝撃を受けた一人の日本人がいた。正確に言うなら、日本に帰化したもと台湾人で、岡山在住の歯科医、三船文彰氏である。音楽愛好家でチェロも弾く三船氏は、初めて耳にしたルース・スレンチェンスカのピアノの音が忘れられず、その年の春、岡山に招き、自宅に併設した音楽ホールで小さなコンサートを開く。当時ルースは七十八歳。その後、二〇一八年のサントリーホールのリサイタルまで、三船氏は十五年にわたって、十回に及ぶルースの来日をすべて企画し、レーベルを立ち上げて十九枚のCDを世に送り出してきた。

どうして日本への招待を受け入れたか、ですか？

世界中を旅して演奏してきましたが、とうとう演奏することのなかった大国が二つだけありました。それが、ロシアと日本。ロシアからは一度、サンクトペテルブルクに教えに来ないかと招待を受けたことがあったのですが、夫が反対したのです。どこに行くときも一度も反対せずに、いつも「行っておいで」と言った夫が、たった一度だけ反対したのがこのとき。その理由というのが、「あなたは寒さに弱いから」というのと、「ジャガイモのスープが嫌いでしょ」というものでした（笑）。たしかに寒い時期でしたね。そういうわけでロシアには行きそこないましたが、日本に来る機会がなかったのを残念に思っていたところにお誘いがあったのですから、「行きたい」と思いました。初めて訪れたのは四月ですが、「日本の桜はきれいですよ、ごらんになりたくありませんか」と言われて、桜に釣られて行ったんです（笑）。

行ってみると岡山が好きになって、繰り返し訪ねることになりました。後楽園の庭園はすばらしいし、食べ物はおいしいし、いいところがたくさんあります。

春夏秋冬、すべての季節に日本に来ましたが、来るたびに何か新しいものを発見します。二〇一八年の訪問で印象深かったのは、岩手県洋野町《ひろのちょう》のセシリアホールです。コンサート会場の名前に驚きました。聖セシリアは音楽家の守護聖人ですが、私の洗礼名でもあるからです。自分と同じ名前が付けられた場所がすてきなところで、うれしくなりました。

日本では毎回、思いがけない展開や奇遇があって、びっくりしています。

ラストコンサートと醍醐桜への奉納演奏

二〇〇五年、八十歳のルースは、四回目に訪れた岡山のシンフォニーホールで、ラストコンサートを開いた。二日にわたって行われた公演は、初日がピアノ協奏曲三曲（リスト第一番、ショパン第二番、チャイコフスキー第一番）、二日目がショパンのスケルツォ全曲とバラード全曲、という前代未聞のプログラムで、聴衆を圧倒した演奏は、現在も語り草となっている。その映像はＮＨＫなどでも取り上げられた。

二年後、五回目の来日を果たしたルースは、岡山の真庭市の山中にそびえる樹齢千年とも言われる名高い醍醐桜の樹の下で、演奏を行なった。これは、ラストコンサート以降はもう人前では弾かない、というルースに、「それなら聴衆に向かってではなく、この桜に捧げる奉納演奏をしては」と三船氏が提案して実現したものだった。桜のために弾くので聴衆はあくまでお相伴、ということで遠巻きにしていた人々は、満開で咲き鎮まった桜が、演奏の終了と同時に吹雪のように散り始めた光景を目にして、息を呑んだ。

あの桜の樹には、演奏の三年前の夏にも会いに行って、花の季節にぜひまた来たいと思っていました。私があの桜を好きなのは、あれだけの老木が今も生きていて、美しい花を咲かせ続けているからです。人々が、もうこの樹も寿命だ、来年は花をつけられないだろう、と言っても、まだ花を咲かせ続けている。私も九十四歳になりましたが、まだ美しい音楽を生み出すことができる、と、そう思えるのです。

それから、この桜が今も生き続けられるのは、守り育てている人がいるということですよ。あの奉納演奏のときも、樹の世話をしている地元の人たちに会いましたね。あの人たちがしていることは、私と同じ、美を追い求めること。花は「生きている美」。音楽も同じです。私たちは同じことをしているので、言葉が通じなくても友だちになることができたんです。

急に花吹雪が起こったのは、桜が私に「ありがとう」と言ったんですよ、きっと（笑）。

2007年4月、82歳で、岡山県真庭市の千年桜、醍醐桜に奉納演奏。
ピアノはクララ・シューマンが所持していた1877年製グロトリアン・スタインヴェッグ
(2007年修復)。

あのとき私が弾いたピアノは、クララ・シューマンが所持して弾いていたというものでしたね。三船さんが持っているあのピアノを、あんなところまで運び上げるとは驚きました（笑）。

クララ・シューマンは私のロール・モデル、私がこうありたいと願う人です。すばらしい人！　作曲家で、ピアニストで、夫のインスピレーションの源となり、夫亡き後はブラームスの芸術に大きな役割を果たし、しかも七人の子どもを女手ひとつで育てて……。ああ、そして彼女も、むずかしい父親を持っていましたね（笑）。

クララが生まれたのは一八一九年ですからちょうど二〇〇年前になりますが、あの時代、女性が生きていくのはたいへんだったと思います。彼女は力を尽くして生きたことでしょう。

今だって、女性が生きていくのは楽ではありませんからね。私の時代などはとくに、男の人の二倍よくないとダメ、二倍よくても報酬は二分の一、という具合でした。

私が名前をSlenczynski《スレンチエンスキ》からSlenczynska《スレンチエンスカ》に替えたのも、そうした気持ちからです。ポーランドでは、女性の名前は姓も母音のaで終わるのですが、アメリカ生まれの私は、父と同じiで終わる姓を名乗っていました。でも父親の家を飛び出したとき、私は、これからはもう「父の娘」ではないと思いました。私は私！　私は女性！　私は女であることに誇りを持って生きていく。そう思ったんです。今ではさらに、ただ女であるだけじゃない、私は芸術家で、私の名前はスレンチェンスカ、私は女性の芸術家。それが私の誇りよ！　と思っています。

嵐の夜に

ニューヨーク大停電のときの話？　誰に聞いたのですか？

あれは何年前になるか、ニューヨークにハリケーンが来て、ニューヨーク中が冠水して停電が起こりました。私の家はアパートメントの二十七階ですが、全館の電源が落ちて真っ暗になってしまった。玄関ドアから廊下を覗くと、同じ階の二人の女性が廊下にマットレスを持ち出そうとしていました。風で窓ガラスが割れることを怖れて、そこで寝ようと考えたのでしょう。外ではものすごい音がしていて、それはもうおそろしくて……。ほかの隣人たちも懐中電灯を持って次々と廊下に出てきました。みな、怯えていました。

私は部屋のドアを開け放したままピアノのところに行って、♪ラーラーラー、ラ、ラララララー、……ベートーヴェンのピアノソナタ第八番、作品十三の第二楽章を弾き始めました。そう、『悲愴ソナタ』です。とても穏やかで美しいあの旋律をね。

すると人々が懐中電灯を手に入ってきて……もう怖がってはいませんでした。一人ではなくてみな一緒ですから。私は冷静にならなければと思いましたし、みな、冷静になる必要がありました。だからこの曲を弾いたんです。ベートーヴェンが私たちに自信を取り戻させてくれました。みな、落ち着きを取り戻しました。心の平安が戻ってきました。

子どもたちのこと

十数年前に日本に初めて来たときから、小学校の訪問はしていました。子どもの前で弾くのが好きなんです。

私がいつも学生たちに言うのは、音楽は国境を超える共通語だということです。だから子どもたちも、音楽をぜんぜん知らなくても楽しむことができるんです。私をすぐに受け入れてくれるんです。なんの隔てもなく、私が年取った女性だということも考えずに、「一緒に遊んでくれる仲間だ」と思うんですね。そして子どもに与えるだけでなく、私も子どもたちから受け取るものがあるんです。

去年、サントリーホールでのリサイタルの後、東北に行ったとき、岩手の中学生からこんな質問をされました。

「どうやったら長生きできるんですか？」

子どもたちとの交流。右頁　2005年、岡山にて／左頁　2018年、福島にて

私はこう答えたんです。人を愛すること、心から愛すること。そうすればその人もあなたを愛してくれて、大切に思ってくれて、長生きできるんですよ、と。

与えれば与えるほど、人は豊かになれます。プレゼントをするんです。人にプレゼントをあげるときに、そのへんにあるものをいい加減に渡す人はいないでしょう。その人にふさわしいと思うものを選んで、リボンをかけて、そっと手渡しますよね。

私の場合、それが音なんです。一音ずつ、音を育てて、鍛えて、その音を人に捧げます。

それにしても、日本に来ると、いつも思いがけないことが起こって、考えもしない方向に物事が進んでいきます。八十歳で岡山でラストコンサートをして、これで締めくくりと思ったら、桜の樹に捧げる奉納演奏という話がもちあがった。それで終わりかと思ったら、さらに偶然が重なって、去年はなんと九十三歳で大きなホールでソロリサイタルをするという大冒険に乗り出してしまった。

ほんとうに人生は何があるかわかりませんね。どういう方向に行くのか、誰にもわからない。だからいつも、どこからかやってくるものを受け取れるように、備えています。

All of our greatest inventions began as dreams: the wheel, man's moonwalk, vaccination to prevent disease, Beethoven's symphonies, — all were sparked by imagination, our inner world that knows no boundaries.

Our enthusiasm fuels action and work without end to forge the dream into an accomplishment that benefits all mankind.

Ruth [illegible]

All of our great inventions began as dreams!
The wheel, man's moon-walk, vaccination to prevent disease, Beethoven's Symphonies — all were sparked by imagination, our inner world that knows no boundaries.
Our enthusiasm fuels action and work without end to forge the dream into an accomplishment that benefits all mankind.

Ruth Slenczynska

私たちの偉大な発明はすべて、夢から始まりました!

車輪、人類の月面歩行、病気を予防するワクチン接種、ベートーヴェンの交響曲——どれもみな、想像力、つまり果てしなく広がる内なる世界から輝きでたものです。

情熱が尽きることなく活動や営みをたきつけ、ただの夢であったものを、人類すべてに恩恵をもたらす偉業に変えるのです。

ルース・スレンチェンスカ

略歴

一九二五年 〇歳 1月15日、カリフォルニア州サクラメントで、ポーランド人のヴァイオリン奏者、ヨゼフ・スレンチェンスキと、ポーランド系ユダヤ人、ドロシーの間に生まれる。その後、サンフランシスコに住む。

一九二八年 三歳 父がピアノで音階の弾き方を教える。父はヴァイオリニストにするつもりだったが、ルースは「ピアノが好き」と拒否。翌日からピアニストになるべく、体罰を伴う厳しいレッスンが始まる。

一九二九年 四歳 カリフォルニア州オークランドのミルズ・カレッジで初リサイタルを行ない、センセーションを巻き起こす。

一九三〇年 五歳 ヨーゼフ・ホフマンに認められ、フィラデルフィアのカーティス音楽院に入学するが、不満を抱いた父はカリフォルニアに連れ帰り、ヨーロッパを目指す。

一九三一年 六歳 十月、ベルリンへ。エゴン・ペトリに師事。シュナーベルに指導を受ける。

一九三二年 七歳 十一月、ベルリンのバッハ・ザールでデビュー・リサイタルを開く。ヒトラーの台頭によるユダヤ人排斥を怖れ、二月、パリに移住。以後七年間、パリでコルトーの教えを受ける。

一九三三年 八歳 六月、サル・プレイエルでパリでのデビュー・コンサートを行ない、大成功を収める。十一月、ニューヨークのタウンホールで凱旋デビュー。絶讃を博し、三カ月間、全米各地を演奏旅行。

一九三四年 九歳 パデレフスキの代役に続き、ラフマニノフの代役も務める。パリの自宅に戻った後、公演でパリを訪れたラフマニノフからホテルに呼び出され、以後、たびたび指導を受けることになる。

一九三七年 一二歳 父の指導に疑問を感じ始める。「未熟」「深さがない」という辛口の批評が出て、父に責められる。

一九三九年　一四歳　第二次世界大戦が始まり、アメリカに帰国。サンフランシスコに住む。
父に対する崇拝の気持ちを失う。
一九四〇年　一五歳　ニューヨークのタウンホールでのコンサートが酷評され、ショックを受ける。
一九四一年　一六歳　カリフォルニア大学バークレー校に入学し、心理学を学ぶ。
一九四四年　一九歳　父の反対を押し切り、家を飛び出して音楽好きの学生ジョージ・ボーンと結婚。
一九五一年　二六歳　カーメルのバッハ・フェスティバルに出演し、好評を得る。父がソルトレイクシティで逝去。
サマー・フェスティバルでアーサー・フィードラーが指揮するサンフランシスコ交響楽団と協演する。
一九五二年　二七歳　ボストン交響楽団とも協演。
今後の進路に悩み、ルービンシュタインに相談し、励まされる。
一九五三年　二八歳　ヨーロッパツアーに出てケルンで公演し、戦争で疲弊したドイツ人を音楽で慰藉できたと実感する。
一九五四年　二九歳　この年から四年間、アーサー・フィードラー率いるボストン・ポップス・オーケストラと全米ツアー。
一九五五年　三〇歳　最初の夫、ジョージ・ボーンと離婚。
一九五六年　三一歳　テレビ番組「This Is Your Life」に出演。
一九五七年　三二歳　ルイ・ビアンコッリとの共著による自伝『Forbidden Childhood』が出版される。
アメリカ・デッカよりショパンの『エチュード』全二十四曲発売。
一九五八年　三三歳　ニューヨークのタウンホールで「デビュー二十五周年記念コンサート」を行なう。「ルース・スレンチエンスカ デビュー二十五周年記念アルバム」（ＬＰ盤）も発売される。
この年の前後にアメリカ・デッカの十枚のゴールド・ディスクを含む十数枚のＬＰが続々と発売される。
一九五九年　三四歳　この後四年間、南アメリカ、ヨーロッパ、アフリカなどへ、毎年、コンサートツアーを重ねる。
一九六一年　三六歳　アン・Ｍ・リングの協力を得て、『Music At Your Fingertips』を出版。

一九六二年　三七歳　一月、サンフランシスコ交響楽団創立五十周年記念コンサートで、小澤征爾の指揮でハチャトリアンのピアノ協奏曲を演奏する。
一九六三年　三八歳　過労による胃潰瘍で倒れ、医者から一年間の演奏活動休止を言い渡される。
一九六四年　三九歳　南イリノイ大学にアーティスト・イン・レジデンスとして赴任。教職のかたわら演奏活動を再開する。
一九六七年　四二歳　大学の同僚である政治学者ジェイムズ・カーと結婚。
演奏家、教師として活動しつつ家庭生活を楽しむ。
一九八七年　六二歳　南イリノイ大学を定年退官し、非常勤講師となる。
二〇〇一年　七六歳　夫ジェイムズ・カーが他界し、茫然自失の日々を送る。
二〇〇二年　七七歳　五月、家を売り、ニューヨークへ越す。
十月、元教え子の勧めで台北の東呉大学の客員教授として赴任。
二〇〇三年　七八歳　一月、台北でのホームコンサートで、日本に帰化した岡山在住の歯科医・三船文彰氏と出会う。
四月、音楽愛好家の三船氏の招きで岡山を訪れる。
以後、二〇一八年までに十回来日し、演奏と録音を行なう。
二〇〇五年　八〇歳　岡山シンフォニーホールで、一月三十日、三十一日と二日間にわたりラストコンサートを開催。
二〇〇七年　八二歳　四月、岡山の真庭市にある樹齢千年とも言われる醍醐桜の下で奉納演奏を行なう。
二〇一三年　八八歳　十二月、東京の求道会館でコンサート。
二〇一八年　九三歳　四月、サントリーホールでリサイタル。その後、岩手、宮城、福島の東北三県で震災慰問コンサートを開く。
二〇一九年　九四歳　七八歳からの日本での演奏を記録したCD「ルース・スレンチェンスカの芸術」（Liu MAER）の十九枚目がリリースされる。

参考文献

『Forbidden Childhood』（Ruth Slenczynska and Louis Biancolli , Doubleday and Company, 1957）

『Music At Your Fingertips』（Ruth Slenczynska with the collaboration of Ann M.Lingg , DA CAPO PRESS, 1961）

『謳歌人生』（王潤婷　大陸書店　二〇一六年）

のこす言葉 KOKORO BOOKLET

ルース・スレンチェンスカ
九十四歳のピアニスト 一音《いちおん》で語りかける

発行日――2019年5月8日 初版第1刷

著者――ルース・スレンチェンスカ
編・構成――大野陽子
編集協力――三船文彰
発行者――下中美都
発行所――株式会社平凡社
〒101-0051 東京都千代田区神田神保町3-29
電話 03-3230-6583〔編集〕
03-3230-6573〔営業〕
振替 00180-0-29639

印刷・製本――シナノ書籍印刷株式会社
写真――三船文彰・三船隆三郎・南イリノイ大学
装幀――重実生哉

ISBN978-4-582-74119-3
NDC分類番号914.6 B6変型判（17.6cm） 総ページ112
平凡社ホームページ http://www.heibonsha.co.jp/